BEI GRIN MACHT SICH IHR WISSEN BEZAHLT

- Wir veröffentlichen Ihre Hausarbeit, Bachelor- und Masterarbeit

- Ihr eigenes eBook und Buch - weltweit in allen wichtigen Shops

- Verdienen Sie an jedem Verkauf

Jetzt bei www.GRIN.com hochladen
und kostenlos publizieren

GRIN

Soziale Scham in "Rückkehr nach Reims" von Didier Eribon

Reproduktion sozialer Ungleichheit im Zuge sozialen Aufstiegs

Alexander Berghaus

Bibliografische Information der Deutschen Nationalbibliothek:

Die Deutsche Nationalbibliothek verzeichnet diese Publikation in der
Deutschen Nationalbibliografie; detaillierte bibliografische Daten sind
im Internet über http://dnb.d-nb.de abrufbar.

ISBN: 9783346578181
Dieses Buch ist auch als E-Book erhältlich.

© GRIN Publishing GmbH
Nymphenburger Straße 86
80636 München

Druck und Bindung: Books on Demand GmbH, Norderstedt Germany
Gedruckt auf säurefreiem Papier aus verantwortungsvollen Quellen

Das vorliegende Werk wurde sorgfältig erarbeitet. Dennoch
übernehmen Autoren und Verlag für die Richtigkeit von Angaben,
Hinweisen, Links und Ratschlägen sowie eventuelle Druckfehler keine
Haftung.

Das Buch bei GRIN: https://www.grin.com/document/1168427

Fakultät für Staats- und Sozialwissenschaften

Institut für Soziologie und Volkswirtschaftslehre

Professur für Allgemeine Soziologie

Modul: Sommermodul 4. Quartal: Textanalyse

Frühjahrstrimester 2021

Thema der schriftlichen Hausarbeit:

Soziale Scham in Eribons „Rückkehr nach Reims"
-
Reproduktion sozialer Ungleichheit im Zuge sozialen Aufstiegs

vorgelegt von: Alexander Berghaus
Tag der Abgabe: 23.09.2021

Inhaltsverzeichnis

Einleitung:

Im Rahmen des Sommermoduls wird eine Modularbeit zum Werk „Rückkehr nach Reims", aus der Feder des französischen Soziologen Didier Eribon, verfasst. Eribon setzt sich in dieser soziobiographischen Arbeit besonders mit dem Thema der sozialen Gerechtigkeit und der sozialen Frage auseinander. Diese Fragen beschäftigen Politik, Gesellschaft und auch die Soziologie nach wie vor intensiv. Einer repräsentativen Umfrage zufolge, halten 19% der Befragten die soziale Ungerechtigkeit für eines der zwei drängendsten Probleme in Deutschland.[1] Die Behandlung und Erforschung der Ursachen sozialer Ungleichheit hat dementsprechend weiterhin einen hohen Aktualitätsgehalt, denn die Implikationen, welche mit sozialer Ungleichheit verbunden sind, sind deutlich komplexer und beleuchten zahlreiche Faktoren neben der ökonomischen Dimension.

Eribon beschreibt in „Rückkehr nach Reims" jedoch nicht allein die ökonomischen Ursachen von Ungleichheit. Er äußert sich ebenso bezüglich der Scham vor seiner Herkunft, sozialer Scham, sowie zu seinem Aufstieg. Dementsprechend soll sein Werk an dieser Stelle nicht ausschließlich aus ungleichheitssoziologischer Sicht betrachtet werden, sondern verstärkt auch emotionssoziologische Aspekte miteinbezogen werden, um die Auswirkungen von Emotionen wie z.B. der Scham auf die soziale Struktur einer Gesellschaft zu begutachten. Die Notwendigkeit dieser dialektischen Betrachtung wird ebenfalls daran deutlich, wie die Frage der sozialen Ungleichheit im öffentlichen Diskurs behandelt wird. So gibt es im öffentlichen Diskurs häufig einen Gleichklang von sozialer Gerechtigkeit und der Notwendigkeit von Umverteilung des ökonomischen Kapitals.[2] Dabei werden zumeist Aspekte des kulturellen, symbolischen und sozialen Kapitals, sowie eine Berücksichtigung der emotionalen Herrschaftsverhältnisse außer Acht gelassen. Dementsprechend soll diese Arbeit die Frage beleuchten, ob eine Herkunftsscham, wie jene von Eribon in „Rückkehr nach Reims" dargestellt, die Reproduktion von Ungleichheit und sozialen Hierarchien begünstigt.

Um der Beantwortung der Frage in der angesprochenen Dialektik aus ungleichheitssoziologischer und emotionssoziologischer Perspektive gerecht zu werden, wurde entsprechende

---

[1] Infratest Dimap: Juni 2021. Eine repräsentative Studie zur politischen Stimmung im Auftrag der ARD-Tageshemen und der Tageszeitung DIE WELT, https://www.infratest-dimap.de/umfragen-analysen/bundesweit/arddeutschlandtrend/2021/juni/ (abgerufen am: 06.09.2021)

[2] Hank, Rainer (2016): Soziale Ungleichheit. Nehmt den Reichen das Geld!, https://www.faz.net/aktuell/wirtschaft/arm-und-reich/ungleichheit-ist-nicht-gleich-umverteilung-steuererhoehung-14134987.html (abgerufen am: 06.09.2021)

Literatur aus beiden Sektionen herangezogen, sowie darüber hinaus spezifische Sekundärliteratur, welche sich auf „Rückkehr nach Reims" bezieht.

Im ersten Teil der Arbeit wird zunächst der Argumentationsgang Eribons entlang der wichtigsten Aspekte rekonstruiert. Dabei geht es besonders darum, seine Position im Kontext mit weiteren soziologischen Positionen zu beleuchten und gegebenenfalls davon abzugrenzen, sowie seine zentralen Ergebnisse knapp darzustellen. Im zweiten Teil werden dann die wesentlichen Aspekte zur Beantwortung der Forschungsfrage diskutiert. Dabei geht es zunächst um die soziale Funktion von Emotionen und anschließend im Schwerpunkt um die Faktoren der Reproduktion von Ungleichheit, welche Eribon in „Rückkehr nach Reims" benennt, sowie darauf aufbauend, die Rolle der Scham für die soziale und moralische Ordnung einer Gesellschaft.

2. Rekonstruktion der Argumentation:

Im ersten Teil dieser Arbeit geht es primär darum, die in „Rückkehr nach Reims" dargestellten Argumentationsstränge darzustellen. Darüber hinaus soll die Intention des Autors und dessen Kernbotschaft diskutiert werden.

2.1 Absichten des Autors

Didier Eribon hat „Rückkehr nach Reims" als soziobiographische Arbeit verfasst, in welche große Teile seiner eigenen Erfahrungen und Erlebnisse eingeflossen sind. Eribon macht dabei bereits zu Beginn deutlich, was der Kernbestandteil seines Buches sein soll. Im Rahmen einer Selbstreflexion gibt sich Eribon selbst überrascht, dass er bis zu „Rückkehr nach Reims" noch nichts über die Verhältnisse und Mechanismen von sozialer Herrschaft, sozialer Scham und der Teilung der Gesellschaft in Klassen verfasst habe (vgl. Eribon 2016: 19). Diese Erkenntnis hat Eribon dazu verleitet, seine Memoiren im Bezug auf soziale Ungleichheit zu verschriftlichen. Seine Intention, die Verhältnisse der sozialen Frage, von Macht und hierarchischen Beziehungen innerhalb der Gesellschaft zu problematisieren, spiegelt sich in einigen Textpassagen sehr deutlich wider. So wird herausgestellt, dass Eribon nach wie vor große Abscheu vor der Herablassung gegenüber der Arbeiterbewegung habe und, dass seine Erfahrungen ihn „gelehrt haben, Macht und Hierarchien zu hassen" (Eribon 2016: 93). Die starke Wortwahl Eribons in dieser Passage verdeutlicht, inwiefern er sich von der Vorstellung einer Hierarchisierung der Gesellschaft durch soziale Unterschiede distanziert. Dass mit dieser Ablehnung der Klassengesellschaft und der eigenen Erfahrung der Marginalisierung starke Gefühle verbunden sind, liegt auf der Hand. Diese Gefühle zeigen sich unter anderem im Diskurs über das Bestehen von Klassengesellschaften. Im Zuge dessen kritisiert er den französischen Soziologen Raymond Aron scharf. Auch gegen ihn und gegen seinen bürgerlichen Habitus entwickelt Eribon eine deutliche Abneigung, da Aron das Bestehen von Klassenunterschieden mitunter in Frage stellt (vgl. Eribon 2016: 91f.). Diese beiden genannten Textpassagen untermauern die ursprüngliche Intention Eribons, die Klassenverhältnisse in aller Deutlichkeit darzustellen und darauf hinzuweisen, dass Klassenunterschiede nach wie vor bestehen.

Neben den Klassenverhältnissen wird jedoch weiteres Anliegen deutlich. Eribon verbleibt nicht bei der ausschließlichen Thematisierung der Klassengesellschaft, sondern geht auch intensiv auf seine eigene Gewordenheit im Rahmen seiner sozialen Aufstiegsmobilität ein. Dabei bezieht er sich insbesondere auch auf die mit dem Aufstieg verbundenen Herausforderungen und Schwierigkeiten. Eribon beschreibt, wie er durch seinen Aufstieg von seiner Familie „geflohen" sei (Eribon 2016: 9) und versuchte seine „soziale Herkunft abzustreifen" (Eribon 2016: 23),

3

sowie eine „vollständige Umerziehung" durchzuführen (Eribon 2016: 98). Diesen Aspekt greift Eribon im Verlauf des Buches immer wieder auf und kann deswegen durchaus als weitere Intention herausgestellt werden.

2.2 Zentrale Terminologie und Kernthese

Um diese Absicht zu artikulieren macht sich Eribon zentrale Begriff der Ungleichheitssoziologie zunutze, welche zu einem Großteil auf seinen Landsmann Pierre Bourdieu rekurrieren. Diese Kernbegriffe werden nun kurz dargestellt und ihre Funktion im Kontext der Klassengesellschaft und der sozialen Aufstiegsmobilität erläutert. Der Rückgriff auf Bourdieu ist naheliegend, hat doch Bourdieu eine ähnliche Lebensgeschichte und Aufstiegsmobilität wie Eribon erlebt (Eribon 2016: 152).

Im Zuge der Thematik der Mobilität zwischen Klassen ist der Begriff des Habitus nahezu unverzichtbar. Dementsprechend nimmt er auch im Werk Eribons eine gewichtige Position ein. Der Habitus im Sinne Bourdieus ist ein Prinzip, welches sämtliche „expressiven Äußerungen" in Form von persönlichen Charakteristika zum Ausdruck bringt (vgl. Farzin; Jordan 2015: 98). Nach Rehbein wird der Habitus im Wesentlichen durch den „hypothetischen Akteur als Repräsentant einer Gruppe" beschrieben, welcher mit höherer Wahrscheinlichkeit Erfahrungen macht, die Repräsentanten anderer Gruppen wohl nicht machen (Rehbein 2015: 88). Diese Beschreibung Rehbeins kann mit dem angesprochenen Vergleich der Biographien Eribons und Bourdieus untermauert werden, welche beide aus ähnlichen sozialen Verhältnissen und dementsprechend ähnliche Erfahrungen gemacht haben. Dies ist darauf zurückzuführen, dass wesentliche Bestandteile des Habitus bereits durch das Elternhaus und das direkte Umfeld auf das Individuum übertragen und sozialisiert werden (vgl. Rehbein 2015: 21). Bourdieu geht sogar so weit zu konstatieren, dass die inkorporierten Praktiken durch den Habitus für die soziale Position gleichsam bedeutend sind, wie Einkommen und Prestige (vgl. Rehbein 2015: 29). Eribon selbst beschreibt seinen Habitus und die Wandlung desgleichen an verschiedenen Stellen des Buches. So verweist er auf seine habituellen Praktiken als Schüler, welche ihm den Ruf eines Rebellen eingebracht haben und ihn in eine „stereotype Figur" verwandelten (Eribon 2016: 152). Diese Vorstellung vom eigenen Habitus wich erst dann, als Eribon durch einen Freund aus einem anderen Milieu und dementsprechend auch mit einem anderen Habitus in Berührung kam, was in Eribon wiederum die Bestrebung auslöste, seinen ursprünglichen Klassenhabitus abzulegen und sich einen neuen Habitus anzueignen. Dies wurde besonders deutlich daran, dass sich Eribon in der Folge dieser Freundschaft immer stärker von den Praktiken der Unterschichtjugend abzugrenzen versucht, um ein „Geige spielender Ästhet" (Eribon 2016:

158) zu werden und sich somit auch immer weiter vom eigenen Herkunftsmilieu zu distanzieren (vgl. Eribon 2016: 22). Auch hier spiegelt sich die Bedeutung der Sozialisation wider, denn Eribons Habitus wandelte sich schwerpunktmäßig, nachdem sich sein Umfeld im Zuge der Freundschaft verändert hatte. Bourdieu beschrieb diesen Prozess als „Interiorisierung der Exteriorität", worauf die „Exteriorisierung der Interiorität" folgt (vgl. Keil 2020: 401). Das Individuum nimmt dementsprechend zunächst die Praktiken und Vorstellungen des Äußeren in sich auf, um schlussendlich die inkorporierten Praktiken ebenfalls nach außen hin zu äußern. An diesem Punkt wird ein weiterer Aspekt des Habitus bedeutsam, die soziale Trägheit. Eribon beschreibt selbst, wie es ihm trotz aller Bemühungen nicht gelungen ist, sein Herkunftsmilieu in Gänze zu verlassen, sodass in ihm nach wie vor ein „gespaltener Habitus" vorherrscht, welcher aus der Diskrepanz zwischen Herkunftsmilieu und der neuen Umgebung im Zuge des sozialen Aufstiegs entsteht (vgl. Eribon 2016, S. 12). Ein Teil des ursprünglichen Klassenhabitus bleibt also präsent, auch beim Versuch dies zu verdrängen. Auch hier lohnt sich ein Verweis auf Bourdieu, welcher ähnliche Erfahrungen gemacht hat. So hat auch Bourdieu die deutliche Diskrepanz zwischen seiner hohen akademischen Anerkennung und seiner sozialen Herkunft deutlich anhand von Spannungen und Widersprüchen gespürt (vgl. Burak 2020: 8). Aladin El-Mafaalani hat diesbezüglich die These aufgestellt, dass es im Zuge eines sozialen Aufstiegs „in problematischer Form zu einem gespaltenen Habitus" kommen kann (El-Mafaalani 2012: 91). Eribons Biographie und der angesprochene Wandel des Habitus können hier definitiv als empirisches Beispiel dienen.

Neben dem Begriff des Habitus bedient sich Eribon weiterer bedeutender Konzepte aus der Lehre Pierre Bourdieus. Eng mit dem Konzept des Habitus verwoben ist der Begriff des Milieus, als mögliche Kategorisierung von Gesellschaften. Der Begriff des Milieus umfasst, im Unterschied zum Klassenbegriff nicht ausschließlich die ökonomischen Unterschiede. Das Milieu kennzeichnet sich vielmehr durch „ähnliche äußere Lebensverhältnisse und innere Lebensgestaltung", welche den ökonomisch geprägten Klassenbegriff letztlich durch die Ebene der inkorporierten Praktiken, also des Habitus, ergänzen (vgl. Farzin/Jordan 2015: 188). Rehbein versteht das Milieu wiederum als den Ort, „an dem der Habitus angeeignet wird" (Rehbein 2015: 86). Der Milieubegriff steht jedoch grundsätzlich eher für eine horizontale Ungleichheit im gesellschaftlichen Gefüge und spiegelt die gesellschaftliche Hierarchie nicht zwingend wider. Deshalb nutzt Eribon auch weiterhin den Begriff der sozialen Klassen, um die Unterschiede in den Lebenschancen der verschiedenen Klassen deutlich zu machen. So verweist Eribon oft darauf, dass die Lebenschancen nach wie vor von der Klassenherkunft determiniert werden, wie am Beispiel seiner Brüder (vgl. Eribon 2016: S. 108). Diese Differenzierung zwischen den horizontalen und vertikalen Ungleichheiten ist wesentlich, um die gesellschaftlichen Hierarchien nachvollziehen zu können. Dies ist bedeutend, um die fundamentale Kritik Eribons am „Klassenrassismus" und den „Determinismen der sozialen Herkunft" einordnen zu können (vgl. Kleiner 2020: 49).

Eine weitere bedeutende Begriffskategorie in der Argumentation Eribons sind die verschiedenen Kapitalformen, welche ebenfalls von Bourdieu abgeleitet wurden. Kapital wird in diesem Falle nicht ausschließlich im ökonomischen Sinne verstanden, sondern wird darüber hinaus in Form des sozialen, kulturellen und symbolischen Kapitals erweitert. Neckel führt dies sehr anschaulich aus:

> "Die Soziologie kennt vier Dimensionen, in denen Status in der modernen Gesellschaft erworben werden kann; [...] Reichtum, dessen Beleg "Geld" ist, Wissen, dessen Nachweis das "Zeugnis" ist, hierarchische und soziale Position in Organisation und Assoziation, die sich als "Rang" und "Zugehörigkeit" niederschlagen." (Neckel 1993: 131)

An dieser Stelle werden gleichzeitig die Operatoren der jeweiligen Kapitalform ausgeführt. Das ökonomische Kapital wird durch die materiellen Besitztümer, das kulturelle Kapital insbesondere durch institutionalisierte Bildungstitel, das soziale Kapital durch die Verbindungen und Kontakte eines Individuums und das symbolische Kapital durch deren Anerkennung determiniert (vgl. Farzin/Jordan 2015: 135). Hier kann man den Rückgriff auf den Klassenbegriff wagen, wird doch durch diese Typologie deutlich, dass der Begriff der Klasse keinesfalls monokausal auf das ökonomische Kapital zurückgeführt werden kann, sondern von zahlreichen Kapitalformen bestimmt wird. Bourdieu zufolge wird die Position eines Individuums oder einer Gruppe innerhalb des sozialen Raumes wesentlich durch das ökonomische und das kulturelle Kapital bestimmt (Wimmer 2018: 273). Auch Eribon bezieht sich in seiner Argumentation immer wieder auf die verschiedenen Kapitalformen. So beschreibt er seine Flucht aus dem Herkunftsmilieu, als eine Flucht vor dem negativen sozialen Kapital, welches „aus der Menge der gepflegten und mobilisierbaren verwandtschaftlichen Beziehungen besteht" (Eribon 2016: 85). Eribon wollte diese Form des negativen sozialen Kapitals „kappen und auslöschen" (Eribon 2016: 85). Im Zuge seiner eigenen „Umerziehung" bezieht sich Eribon auch auf das fehlende kulturelle Kapital, was er sich beispielsweise in Form von Kunstverständnis selbst aneignen musste (vgl. Eribon 2016: 98). Diese Beispiele aus Eribons Aufstiegsmobilität zeigen die Bedeutung der verschiedenen Kapitalformen für die Lebenschancen und die soziale Position eines Individuums.

Diese Begriffe sollen die Grundlage bilden, um die Kernthese Eribons herauszustellen und nachzuvollziehen. Die eben genannten Kernbegriffe und Typologien erklären, wie sich soziale

Position konstituieren kann. Dies geht mit der Kernthese Eribons einher, welche aus seinem Werk herauszulesen ist. So ist die Quintessenz aus der Arbeit Eribons, dass die Lebenschancen eines Individuums nach wie vor wesentlich von seiner Klassenherkunft determiniert werden. Dafür finden sich zahlreiche Belege aus seinem eigenen Leben, als auch aus dem Leben seiner Verwandten. Dies wird eindrucksvoll daran deutlich, wie Eribon die Widerstände in seinem eigenen sozialen Aufstieg beschreibt. Eribon findet an dieser Stelle eine deutliche Metapher, welche die Schwierigkeit des Aufstiegs auf Grundlage der eigenen Klassenherkunft beschreibt, in dem er die Grenzen zwischen den „sozialen Welten" als „gläserne Wände" beschreibt, welche die eigene Entwicklung in den allermeisten Fällen auf die eigene Klasse, beziehungsweise das Herkunftsmilieu beschränken (vgl. Eribon 2016: 44). Diese Einsicht wird im weiteren Verlaufe am Beispiel der Brüder bestärkt, deren sozialer Aufstieg von der Klassenherkunft determiniert und limitiert ist (vgl. Eribon 2016: 108). Die Bedeutung der Klassenherkunft für den Bildungsaufstieg legt Eribon ebenfalls zugrunde. Eribon beschreibt, inwiefern Mitglieder unterprivilegierter Klassen permanent Gefahr laufen, falsche Bildungsentscheidungen zu treffen (vgl. Eribon 2016: 171). Diese falschen Entscheidungen führen aus Sicht Eribons letztlich dazu, dass der gesellschaftliche Abstieg nahezu vorprogrammiert ist und sich durch die Bildungsexpansion lediglich verzögert (vgl. Eribon 2016: 173). Diese Kernbotschaft Eribons wird auch von weiteren Autoren durchaus unterstützt. Eribon wird in „Eribon revisited" bescheinigt, dass er die „Determinismen der sozialen Herkunft" und den „Klassenrassismus" kritisiere, welcher den Verwandten den sozialen Aufstieg verunmögliche (vgl. Kleiner 2020: 49f.). Diese Aussage wird auch empirisch belegt. So konstatiert Rehbein, dass soziale Mobilität über die Klassengrenzen hinaus nahezu ausgeschlossen ist (vgl. Rehbein 2015: 30). Er geht sogar noch einen Schritt weiter und bestätigt dahingehend Eribons Ausführungen. So sorgt die unterschiedliche Verteilung der Kapitalsorten und deren Weitergabe an folgende Generationen dafür, dass von vornherein ungleiche Optionen bezüglich der Lebenschancen bestehen (vgl. Rehbein 2015: 138). Eribons Kernthese bezüglich der Abhängigkeit der Lebenschancen von der sozialen Herkunft entspricht dementsprechend der Position einiger Ungleichheitssoziologen und erscheint nach wie vor plausibel.

An dieser Stelle soll noch auf eine zweite zentrale These Eribons eingegangen werden, nämlich jene nach den Ursachen für seinen Aufstiegswillen. Im Verlaufe des Buches kann man durchaus zu der Frage gelangen, warum es letztlich Eribon gelang, den sozialen Aufstieg zu schaffen, während seine Brüder nur eine geringe soziale Aufstiegsmobilität verzeichnen konnten. Diese Frage wirft auch Oksana Burak in ihrem Aufsatz zur sozialen Mobilität auf und argumentiert dabei, gestützt auf Aussagen von Jacquet, dass es einen starken Grund braucht, um den Wunsch nach sozialer Aufstiegsmobilität hervorzubringen, beispielsweise, indem man vom eigenen Herkunftsmilieu verstoßen wird (vgl. Burak 2020: 9). Eribon hat genau jene Erfahrung gemacht, im Bezug auf seine Homosexualität, welche in seinem Herkunftsmilieu nicht akzeptiert wurde. Diese fehlende Akzeptanz löste in Eribon den Wunsch aus, dem Milieu zu entfliehen und den sozialen Aufstieg zu schaffen, welchen er als „Wunder" beschreibt, das durch seine Homosexualität erst ausgelöst werden konnte (vgl. Eribon 2016: 192f.). Eribon brauchte also den sozialen Aufstieg, um der permanenten Beschämung aufgrund seiner Homosexualität zu entfliehen. Dieser Grund war stark genug, um den Aufstieg entgegen der Wahrscheinlichkeiten der Klassenherkunft, die oben beschrieben wurden, zu schaffen.

Aus den bisherigen Erkenntnissen wird deutlich, dass sich Eribon in großen Teilen seiner Argumentation auf die Lehren Pierre Bourdieus stützt. Dazu gehört auch, dass er einige gesellschaftliche und soziologische Erklärungsansätze von Ungleichheit verwirft und sich von ihnen abgrenzt. Auf zwei dieser Ansätze möchte ich an dieser Stelle besonders eingehen: die Rational-Choice-Theorie und das meritokratische Prinzip.

2.3 Abgrenzung zur RCT und zum meritokratischen Prinzip

Die Rational-Choice-Theorie beruft sich letztendlich auf die Autonomie und die Rationalität des Individuums im Rahmen eines Entscheidungsfindungsprozesses. Akteure verfolgen im Rahmen dieses theoretischen Ansatzes stets eine klare Zielorientierung, von denen die Entscheidungen geleitet werden (vgl. Farzin/Jordan 2015: 228). Die Rational-Choice-Theorie setzt jedoch voraus, dass der Akteur über umfassende Informationen zum Treffen einer Entscheidung verfügt. An diesem Punkt setzt sich Eribon klar und deutlich von diesem Erklärungsmodell ab. Vollständig rationale Entscheidungen können eben dann nicht getroffen werden, wenn entsprechende Informationen nicht in Gänze vorliegen. Das Beispiel, welches dieses Problem deutlich erkennbar macht, ist jenes der Kurswahl im Rahmen der eigenen Bildung. Eribon nennt die Sprachwahl in der Schule als Indikator für die Verunmöglichung rationaler Entscheidungen:

> „Die Kinder aus bürgerlichen oder bildungsbürgerlichen Schichten entschieden sich für Deutsch, während die Spanischklasse zum Sammelbecken für die schlechtesten Schüler [...]. Diese Wahl, die in Wirklichkeit gar keine war, zeichnete vor, wer auf mittlere Sicht aus Bildungssystem eliminiert werden [...] würde." (Eribon 2016: 169f.)

Dieses Beispiel zeigt eindrucksvoll, dass die Rational-Choice-Theorie im Rahmen sozialer Ungleichheiten nicht zielführend ist, da bestimmte Informationen für bestimmte Klassen schlicht nicht zugänglich sind und dementsprechend keine rationale Entscheidung getroffen werden kann. Eribon wird durch die Erkenntnisse Petra Hilds in seiner Argumentation bestärkt. Auch Hild konstatiert, dass nur gewisse Milieus über ausreichendes Wissen über die Mechanismen des Bildungssystems verfügen, um sich jenes zunutze zu machen, während Milieus mit weniger kulturellem Kapital diese Möglichkeit nur begrenzt in Anspruch nehmen können, da rationales Handeln grundsätzlich umfassende Information und Bewusstsein voraussetzt (vgl. Hild 2019: 119).

Wie bereits erwähnt, grenzt sich Eribon besonders auch vom meritokratischen Prinzip als Legitimierung von Ungleichheiten in der Gesellschaft ab. Das meritokratische Prinzip besagt, dass gesellschaftliche Unterschiede ausschließlich auf Leistungen von Individuen beruhen und damit letztlich jedes Individuum selbst für den Platz im sozialen Raum verantwortlich ist. So spricht Eribon vom Bildungssystem als „Höllenmaschine", welche maßgeblich an der Reproduktion von sozialer Ungleichheit beteiligt ist, indem „Kinder aus armen Schichten abgewertet werden" (Eribon 2016: 111). Im weiteren Verlauf konstatiert Eribon, dass der Wert des Studienabschlusses wesentlich auch von der sozialen Position und den damit verbundenen Kapitalsorten abhängt (vgl. Eribon 2016: 186f.). Diese Einschätzung Eribons gegenüber dem Bildungssystem, an welchem die meritokratische Funktion letztlich besonders deutlich werden sollte, teilt Hild gleichermaßen. Sie rekurriert dabei auf eine Forschung von Jean-Claude Passeron und Pierre Bourdieu, welche hervorbrachte, dass der Bildungserfolg eben nicht im meritokratischen Sinne, also wesentlich von der Begabung des Individuums abhängt, sondern auch von den Möglichkeiten, die das Bildungssystem den Mitgliedern ärmerer Schichten ganz generell bietet (vgl. Hild 2019: 28). Diese Argumentation deckt sich in großen Teilen mit der Argumentation und den eigenen Erfahrungen Eribons; das meritokratische Prinzip hält diesen Erfahrungen eben nicht stand. Neben Erfahrungen wurden allerdings auch gezielte empirische Studien betrieben, welche die Argumentation Eribons hinsichtlich des Glaubens an den Aufstieg durch Bildung im Rahmen des meritokratischen Prinzips stützen. Wimmer untersuchte im Rahmen qualitativer Interviews unter anderem die Einstellung seiner Befragten zur Bildung. Seinen Untersuchungen zufolge hatte keiner seiner Interviewpartner ernsthaft an einen leistungsgebundenen Aufstieg im Bildungssystem geglaubt, wodurch die Erklärungskraft des meritokratischen Modells durchaus geschwächt und Eribons Argumentation gestützt wird (vgl. Wimmer 2018: 279). Dementsprechend hat Eribon auch in seiner Abgrenzung zum meritokratischen Prinzip Fürsprecher und empirische Befunde, die seine Kritik, besonders am Bildungssystem, und seine Kernthese bestärken.

Abschließend werden noch einmal die zentralen Ergebnisse aus Eribons Argumentation zusammengefasst dargestellt. Eribon macht deutlich, wie sehr der elterliche Habitus seinen sozialen Aufstieg erschwert hat und, dass er letztendlich erst durch den Umgang mit einem Freund aus einer privilegierteren Klasse den Zugang zum kulturellen Kapital finden konnte, welches für seinen späteren Aufstieg evident war (vgl. Eribon 2016: 167f.). Dennoch bleiben die Aufstiegs-möglichkeiten wesentlich von der Klassenherkunft geprägt, wie das Beispiel von Eribons Brü-dern zeigt (vgl. Eribon 2016: 108). Des Weiteren wurde herausgestellt, inwiefern Eribon durch die Homophobie seines Herkunftsmilieus zur Flucht aus Gleichem „gezwungen" wurde, was letztendlich den Drang zum sozialen Aufstieg begründet (vgl. Eribon 2016: 193). Schlussend-lich konstatiert Eribon jedoch, dass trotz aller Versuche die eigene soziale Herkunft abzustrei-fen, ein Teil des Habitus stets erhalten bleibt, was mit dem Begriff des „gespaltenen Habitus" erklärt werden kann (vgl. Eribon 2016: 12).

3. Emotionen und Scham im Kontext sozialer Ungleichheit:

Nachdem im ersten Teil wesentlich auf die Argumentationsstruktur Eribons und seine Kern-
aussagen eingegangen wurde, widmet sich der zweite Teil nunmehr dem Reproduktionspoten-
tial von Scham als sozialem Gefühl. Dafür werden zunächst die sozialen Implikationen von
Emotionen und Scham im Speziellen herausgestellt um abschließend auf die spezifische Reproduktion und Stabilisierung sozialer Hierarchien durch soziale Scham, wie in „Rückkehr
nach Reims" dargestellt, einzugehen.

3.1 Implikationen von Scham für das soziologische Interesse

Warum man sich im Zuge der Untersuchung sozialer Ungleichheiten mit Emotionen als mög-
lichem Faktor auseinandersetzen sollte, hat Eribon durch „Rückkehr nach Reims" bereits unter
Beweis gestellt, ist das Buch doch gespickt von Emotionen und Erfahrungen seiner selbst, welche Entscheidungen und Reflexionsprozesse maßgeblich beeinflussten. So spielen verschie-
dene Emotionen im Verlaufe des Buches immer wieder bedeutende Rollen hinsichtlich Eribons
Herkunftsmilieu, wobei er vor starkem Vokabular meist nicht zurückschreckt. So empfindet
Eribon primär Ablehnung und Scham gegenüber den Verhaltensweisen seines Herkunftsmilieus (vgl. Eribon 2016: 24f.). Er empfand seinem Vater gegenüber überwiegend „Abscheu und
Hass" (Eribon 2016: 13). Diese beiden Beispiele dienen nur der Veranschaulichung der Bedeutung von Gefühlen und Emotionen in „Rückkehr nach Reims" und werden im weiteren Verlaufe
der Argumentation noch einmal herangezogen werden. An dieser Stelle wird auf die Funktion
von Emotionen auf der Makroebene sozialer Ungleichheiten eingegangen. Die Emotionssoziologie kann hier einen bedeutenden Beitrag zum tieferen Verständnis von Sozialstrukturen leis-
ten, weshalb diesbezüglich einige Aspekte einfließen. So konstatiert Helena Flam, dass Emotionen eine tragende Rolle für die Aufrechterhaltung sozialer Strukturen spielen (vgl. Flam 2002:
149). Dabei bezieht sich Flam auf eine Untersuchung mehrerer namhafter Emotionssoziologen
wie Neckel und Honneth, welche besagt, dass soziale Strukturen tatsächlich der Auslöser von
Emotionen sein können (vgl. Flam 2002: 150). Wir erleben also an dieser Stelle eine Ver-
schmelzung von Theorien sozialer Ungleichheit und der Soziologie der Emotionen, welche
beide offensichtlich einander bedingen. Jack Barbalet theoretisiert diesbezüglich im Rückgriff
auf Adam Smith, dass es gegensätzliche Emotionen gibt, welche die soziale Ordnung und die
soziale Hierarchie aufrechterhalten und spielt dabei insbesondere auf die Gegensätze von
Scham und Stolz an (vgl. Barbalet 1999: 108). Auch hier werden Emotionen zum Stabilisator
der sozialen Hierarchie. Barbalet beschränkt jene Argumentation jedoch an anderer Stelle, indem er diskutiert, dass Emotionen und die Scham im Speziellen an Wirkungskraft verloren

haben, da sie in einer zunehmend individualisierten Welt stets nur einen Teil des, im Rahmen der multiplen Partialinklusion, eingebundenen Subjekts betrifft und nicht das Individuum als Ganzes (vgl. Barbalet 1999: 119). Demgegenüber könnte man entgegnen, dass die verschiedenen Partialinklusionen jedoch hochgradig von den sozialen Kreisen geprägt sind, in denen man verkehrt und damit ebenfalls Rückschlüsse auf die Position im sozialen Raum zulassen. Somit ist das Instrument der Beschämung auch in Zeiten von zunehmender Individualisierung noch immer Mittel zur Konsolidierung der sozialen Hierarchie.

Neckel hat die soziale Funktion von Emotionen und Scham in „Status und Scham" sehr treffend ausgeführt. Er nimmt Bezug auf die „Philosophie des Blickes" von Jean-Paul Sartre, auf welchen sich Eribon auch immer wieder bezieht. Nach Sartre lebt der Mensch in drei Seinsformen: Er lebt *An-Sich-Seiend, Für-Sich-Seiend und Für-Andere-Seiend* (vgl. Neckel 1991: 26). Für die Untersuchung der sozialen Implikationen von Scham wird hier insbesondere die Ebene des *Für-Andere-Seins* interessant. Neckel argumentiert, dass das Schamgefühl sich darin begründet, dass sich ein Individuum für das schämt, was im Moment des Erblicktwerdens durch den anderen gesehen wurde (vgl. Neckel 1991: 29). Für diese Argumentation kann bei Eribon ein hervorragendes Beispiel gefunden werden. Er schildert folgende Situation bei einer Begegnung mit seinem Großvater:

> „Er freute sich über diese Zufallsbegegnung, mich genierte sie, denn mir grauste davor, dass ich mit ihm und seinem seltsamen Gefährt gesehen werden könnte. Was hätte ich auf die Frage, mit wem ich da redete antworten sollen?" (Eribon 2016: 65)

Diese Situation zeigt auf deutliche Art und Weise, inwiefern der Blick bei Sartre als Instrument der Beschämung genutzt werden kann und, wie Neckel es beschrieb, was die Angst vor Scham durch das Erblicktwerden auslösen kann.

3.2 Reproduktion sozialer Ungleichheit durch soziale Scham

Es ist entsprechend herausgestellt worden, dass Emotionen sich nicht nur auf individueller Basis abspielen, sondern vielmehr eine herausragende soziale Bedeutung innehaben. Die Frage, die sich nun stellt, ist jene nach der Funktion der Scham als Faktor der Reproduktion sozialer Ungleichheit. Es wurden bereits einige, meist institutionalisierte Faktoren der Reproduktion von Ungleichheit diskutiert, wie beispielsweise Bildungstitel und berufliche Qualifikation. Nun soll herausgestellt werden, inwiefern die Scham als Emotion einerseits von privilegierten Klassen genutzt wird, um die Hierarchie aufrechtzuerhalten und andererseits, wie die Scham den Gedanken an sozialen Aufstieg in den unteren Klassen unterminiert.

Aus Sicht der kulturellen Hegemonie und der privilegierten Klassen erscheint es selbstverständlich, dass die soziale Hierarchie in ihrer aktuellen Form mit sämtlichen Vorteilen erhalten bleibt. Eribon macht dies insbesondere durch seine Kritik am bürgerlichen Ethos von Raymond Aron deutlich, welche an anderer Stelle bereits angesprochen wurde. Das Überlegenheitsgefühl der herrschenden Klasse löste in Eribon auch nach seinem sozialen Aufstieg noch immer einen verärgerten Klassenreflex aus, welcher sich in „unvermitteltem Hass" gegenüber den sozialen Hierarchien äußerte (vgl. Eribon 2016: 23). Und doch schloss sich Eribon solchen negativen Urteilen über die Arbeiterklasse in seinem neuen Milieu teilweise sogar an, was in der Folge zu einem schlechten Gewissen führte (vgl. Eribon 2016: 24). Dieser Aspekt zeigt die weitreichenden Auswirkungen der Beschämung als Instrument der Aufrechterhaltung der sozialen Hierarchie. Neckel beschreibt dieses Phänomen in Anlehnung an Sigmund Freud als Begründung der Scham in der „sozialen Angst" vor dem Verlassenwerden oder dem Ausschluss aus dem Milieu (vgl. Neckel 1993: 122). Eribon kann sich in seiner neuen Umgebung aus Angst vor der Beschämung nicht offen zu seiner Herkunft bekennen und hat die Wertmuster des neuen Milieus bereits so weit internalisiert, als dass er sich eine alternative Biographie zurechtlegt, um der Beschämung aus dem Weg zu gehen (vgl. Eribon 2016: 26). Anhand derlei Beispiele wird die soziale Macht der privilegierten Klassen deutlich. Auch deswegen beschreibt Flam die Scham als informelles Instrument der sozialen Schließung, welches die „Monopolstellung" der herrschenden Klasse untermauern soll (vgl. Flam 2002: 156). Und diese Monopolstellung ist, wie wir in Form der Kapitalsorten bei Bourdieu gesehen haben, keinesfalls auf die Produktionsmittel beschränkt, wie Marx kolportierte. Neben der sozialen Ordnung wird auch die moralische Ordnung durch die herrschende Klasse, die kulturelle Hegemonie, bestimmt. So wurden die Regeln des Zusammenlebens wesentlich von jener Klasse strukturiert und festgelegt (vgl. Barbalet 1999: 109). An dieser Stelle wird der gezielte Reproduktionsprozess deutlich, der von der kulturellen und sozialen Hegemonie angestrebt wird. Um nicht der sozialen Angst vor dem Ausschluss unterliegen zu müssen, reagieren die unteren Klassen weitestgehend mit Konformität gegenüber der sozialen und moralischen Hierarchie, um letztendlich das Gefühl der Scham zu vermeiden. Diese Konformität sorgt dementsprechend auch für die Reproduktion und Stabilisierung der bestehenden sozialen und moralischen Ordnung. Soziale und moralische Scham würden sich entsprechend gegenseitig bedingen. Dies kann anhand der Beispiele bei Eribon, insbesondere nach seiner Aufstiegsmobilität, genauso nachvollzogen werden. Obwohl das neue Milieu Eribons durchaus eine kulturell und sozial hegemoniale Position zugeschrieben werden kann, war Eribon nach wie vor auf Konformität bedacht, um der Beschämung der anderen Mitglieder seines Milieus zu entgehen. Dementsprechend musste Eribon auch auf die

Beschämungen seinem Herkunftsmilieu gegenüber mit einer entsprechenden Akzeptanz reagieren, um die eigene fragile Position im sozialen Gefüge nicht zu gefährden. Auf der Makroebene bedeutet dies, dass sich die soziale Ordnung abermals konsolidiert, da auch Aufsteiger letztlich an jene Ordnung und die damit verbundenen Wertemuster gebunden sind.

Beschämung dient also der kulturellen und sozialen Hegemonie zur Bewahrung ihrer Privilegien. Die Herkunftsscham und damit die Vulnerabilität von Aufsteigern im neuen Milieu setzt einmal mehr konformes Verhalten voraus, was letztlich die Ordnung stabilisiert. Wie funktioniert die Scham jedoch aus Sicht der beschämten, der prekären Klasse? Insbesondere in Bezug auf Eribon kann nach wie vor von der Scham einer gesamten Klasse, der Arbeiterklasse, gesprochen werden. Im weiteren Verlaufe der Individualisierung verlagerte sich dieser Prozess immer weiter auf das einzelne Subjekt. Neckel argumentiert, dass das Schamgefühl stets im Schnittpunkt zwischen Individuum und Gesellschaft steht und auf das jeweils andere verweist – das Soziale zeigt sich in den Emotionen und der Scham des Einzelnen und das Individuelle zeigt sich in der Einordnung in gesellschaftliche Ordnungen (vgl. Neckel 1991: 56). Die Scham als solche äußert sich bei Eribon häufig durch das Verstecken, das Täuschen und das Verändern der eigenen Lebensgeschichte, um das schmerzhafte Gefühl der Scham zu vermeiden und nicht permanent auf die eigene Unterlegenheit hingewiesen zu werden. Diese Unterlegenheit, die eigentlich nicht Eribons eigene Unterlegenheit darstellt, sondern vielmehr die Unterlegenheit der Arbeiterklasse aus den Augen der Privilegierten, zeigt sich deutlich in der Beziehung zu seinem Schulfreund. Eribon wollte in jedem Falle verhindern, dass sein Freund herausfindet, wo er wohnt (vgl. Eribon 2016: 164). Diese Beziehung zeigte ihm auch immer wieder seine eigene vermeintliche Unterlegenheit verwiesen, welche sich in massiver Ablehnung gegen die eigene Person und alle damit verbundenen Zuschreibungen äußerte (vgl. Eribon 2016: 164ff.). An dieser Stelle wird ein Mechanismus deutlich, den die permanente Beschämung bei den Beschämten hinterlässt. Die Achtung vor der eigenen Person und damit verbundene Ambitionen werden massiv eingeschränkt. Soziale Kontrolle wird dementsprechend in jedwedes Individuum inkorporiert und eine Unterlegenheit wird als Versagen der eigenen Person verurteilt (vgl. Neckel 1991: 199). Dort wird die kollektive Dynamik der Scham deutlich, welche durch konstante Schamgefühle die eigene Unterlegenheit vor Augen führt und die soziale Hierarchie als legitim erscheinen lässt (vgl. Flam 2002: 154). Dies erklärt, warum es nach wie vor so schwierig ist, aus der prekären Klasse aufzusteigen. Denn eine kollektive Aufstiegsbewegung im Sinne von „Voice" nach Hirschman ist nicht zu erkennen.

Jedoch sehen wir, wie im Falle Eribon, dass es durchaus einzelne Formen der Aufstiegsmobilität gibt. Jacquet erklärt dies damit, dass die negativen Emotionen, wie die Scham, eine Motivation auslösen, diese negativen Emotionen endgültig durch den sozialen Aufstieg zu ersetzen, um derlei Gefühlen in Zukunft aus dem Weg gehen zu können (vgl. Burak 2020: 8). Diese Argumentation kann sicherlich erklären, warum es bei Eribon zu einer Art „Flucht vor Scham" gekommen ist. Jedoch wird im Verlaufe seines Aufstiegs deutlich, dass die Scham keinesfalls mit dem Moment des Aufstiegs verschwunden ist. Zwar schämt sich Eribon nicht mehr bezüglich seiner eigenen sozialen Position, sondern vielmehr für seine soziale Herkunft, was aber schlussendlich dazu führt, dass er mit seiner Familie und seinem Herkunftsmilieu nahezu vollständig bricht. Der Grund dafür liegt darin, dass Eribon sein neues Selbstbild vor negativen Zuweisungen aufgrund seines Herkunftsmilieus schützen will (vgl. Neckel 1991: 163). Dies führt bereits zu einer Erhöhung Eribons über sein Herkunftsmilieu, ergo zu einer neuen Einordnung Eribons in die soziale Hierarchie, welche allerdings schlussendlich die sozialen Hierarchien und Verhältnisse bestärkt. Aus den bereits angesprochenen Gründen der sozialen Angst vor Beschämung blieb Eribon in dieser Situation kaum eine Wahl, als die Verbindungen zu seiner Familie zu „kappen und auszulöschen" (vgl. Eribon 2016: 84). Denn dieses Auslöschen des negativen sozialen Kapitals, wie Eribon es benennt (vgl. Eribon 2016: 84), schien notwendig, um in seinem neuen Milieu gänzlich anzukommen. Diesen Prozess des Herauslösens aus dem Herkunftsmilieu beschreibt Marie Keil treffend mit dem Begriff des „Brücken-Abbrechers", welcher die hohe biographische Reflexivität in Aufstiegsbiographien, als Voraussetzung für die Aneignung des Habitus der höheren Klassen, beschreibt (vgl. Keil 2020: 402).

Die Aneignung jenes Habitus der privilegierten Klassen kann als Habitustransformation beschrieben werden. El-Mafaalani beschreibt Habitustransformation durch „grundlegende und umfassende Veränderungen des Habitus" (El-Mafaalani 2012: 92ff.). Diese Transformation geht, seiner Argumentation zufolge, notwendigerweise mit einer Distanzierung vom Herkunftsmilieu einher (El-Mafaalani 2012: 92ff.). Eribon kann für diese Argumentation als empirisches Beispiel dienen, Pierre Bourdieu gleichermaßen. Die Distanzierung liegt in diesem Zuge nahe, bedeutend werden jedoch die Auswirkungen dergleichen. So ist es vorstellbar, dass mit einer Distanzierung vom Herkunftsmilieu und auch von der eigenen Familie eine Beschämung einhergeht, welche die soziale Hierarchie gleichermaßen reproduziert. Ein Mitglied der Familie schafft den sozialen Aufstieg, hinterlässt jedoch ein Milieu für das sich geschämt wird und welches selbst durch die Meidung und das Kappen des Kontakts beschämt wird, was letztlich zu einer negativen Verurteilung der eigenen sozialen Situation führt (vgl. Neckel 1996: 21). Diese Beschämung und die daraus folgende Konsolidierung der sozialen Hierarchie kann durchaus im Bewusstsein der Aufsteiger erfolgen. So hat Pierre Bourdieu Schuldgefühle für das Hinterlassen seines Herkunftsmilieus verspürt (vgl. Burak 2020: 11).

Die Herkunftsscham, wie sie Eribon beschreibt, spielt demnach eine bedeutende Rolle für die Reproduktion der sozialen Hierarchie. So kolportiert Barbalet, dass die Scham sogar die bedeutendste aller sozialen Gefühle für die Prozesse der sozialen Konformität und damit der Reproduktion von Ungleichheit sei (vgl. Barbalet 1999: 125). Die Scham beeinflusst somit auch wesentliche andere Reproduktionsfaktoren, wie beispielsweise das kulturelle oder das soziale Kapital. Die Angst vor Beschämung und Ablehnung führt letztendlich dazu, dass in den meisten Fällen keine Habitustransformation stattfindet. Dies kann insbesondere anhand der Beispiele von Eribons Brüdern belegt werden, welches bereits mehrfach angeführt worden ist. Dieser Effekt wird dadurch verstärkt, dass Scham insbesondere dann auftritt, wenn Subjekte um die Anerkennung von Privilegierteren bemüht sind, was verdeutlicht, dass die Scham auf besondere Weise vom Wunsch nach Relationalität geprägt ist (vgl. Kleiner 2020: 57). Eribon bringt zwei Beispiele in seinem Werk, die diese These stützen. Zum einen führt Eribon das Beispiel seiner Mutter an, die aufgrund ihrer Arbeit als Putzkraft von ihrer Arbeitgeberin beschämt wurde, obwohl sie von dem Wunsch nach Anerkennung ihrer Arbeit geprägt war (vgl. Eribon 2016: 93). Das zweite Beispiel, was den Zusammenhang von Beschämung und dem Wunsch nach Relationalität besonders ausdrückt ist die angesprochene Jugendfreundschaft Eribons. Eribon hatte sehr stark um die Anerkennung des Jungen geworben, und doch wurde ihm seine eigene Unterlegenheit immer wieder vor Augen geführt (vgl. Eribon 2016: 164f.). In diesem Falle konnte Eribon die Beschämung jedoch überwinden, was jedoch im Endeffekt zu einer Entscheidung zwischen dem Aufstieg und dem eigenen Herkunftsmilieu und damit zu einem besonderen Zwiespalt geführt hatte (vgl. Eribon 2016: 159).

Dementsprechend kann festgehalten werden, dass die Scham als bedeutendes soziales Gefühl einen massiven Einfluss auf die Reproduktion sozialer Ungleichheit hat. Scham liegt sowohl bei Mitgliedern der prekären Klasse vor als auch bei Aufsteiger wie Eribon, die sich für ihr Herkunftsmilieu schämen und dies aus sozialer Angst verstoßen. Die Herkunftsscham trägt insbesondere zur Reproduktion der Ungleichheit bei, weil die Beschämung in diesem Falle unmittelbar von Mitgliedern des ehemalig eigenen sozialen Umfelds ausgeht, indem das eigene Herkunftsmilieu als negatives soziales Kapital gebrandmarkt wird. Es erfolgt dementsprechend eine nahezu nahtlose Einordnung von Aufstiegsbiographien in die soziale Hierarchie, was diese stabilisiert und reproduziert.

4. Fazit und Ausblick:

„Rückkehr nach Reims" hat verdeutlicht, dass Themen wie die soziale Ungleichheit, deren Reproduktion, sowie Chancengleichheit nach wie vor von großer Bedeutung sind. Eribon konnte ausdrücken, dass die Ursachen dafür nicht ausschließlich im ökonomischen Kapital der unterschiedlichen Klassen liegen, sondern, dass die verschiedenen Kapitalformen in Verbindung mit dem Habitus der unterschiedlichen Milieus für ungleiche Voraussetzungen im Bezug auf die Lebenschancen des Individuums sorgen. Daraus geht insbesondere die enorme Trägheit des Habitus hervor, welcher Veränderungen nur langfristig und lediglich vereinzelt, wie beispielsweise in Form des „Exit" von Einzelpersonen, zulässt. Darüber hinaus gibt Eribons Herkunftsscham nach seinem Aufstieg Anlass dazu, die Rolle der Scham und Beschämung für die soziale Ordnung und dessen Reproduktion zu verdeutlichen. Dazu wurde herausgestellt, dass die Scham als soziales Gefühl einen bedeutenden Einfluss auf die Reproduktion von Ungleichheit einnimmt. Dabei ist es wichtig zu betonen, dass die Scham nicht mit dem vollzogenen Aufstieg verschwindet, sondern transformiert wird. Während die Scham zuvor der eigenen sozialen Position galt, wird sie nach dem Aufstieg zur Scham vor der eigenen Herkunft, welche es im Zuge dessen, aus Gründen sozialer Angst, so stark wie möglich zu verschleiern gilt. Dies reproduziert die bestehende soziale Hierarchie erneut, weil sich den Werte- und Denkmustern der herrschenden Klasse angepasst wird.

Die Untersuchung der Bedeutung von Scham kann eine bedeutende Rolle in der Untersuchung von sozialer Ungleichheit spielen. Barbalet schreibt, dass die Rolle der Scham in der Untersuchung der Prozesse von sozialer Konformität auch in Zukunft von großem Interesse in der Ungleichheits- und Emotionssoziologie sein wird (vgl. Barbalet 1999: 104). Es kann daher durchaus ergiebig sein, die Kenntnisse diesbezüglich stärker zu fokussieren und die Bandbreite der Reproduktionsfaktoren von sozialer Ungleichheit ganzheitlicher zu begreifen.

An dieser Stelle kann es ebenfalls von Interesse sein, Scham und Beschämung außerhalb des eurozentristischen Blickwinkels zu betrachten. Das hier beschrieben Verständnis von Scham als sozialem Gefühl vor dem Hintergrund der eigenen sozialen Position ist stark von individualistischen Vorstellungen und dem fortschreitenden Prozess der Individualisierung geprägt (Neckel 1996: 27). Daher kann es interessant sein, die Bedeutung und Rolle von sozialer Scham für die soziale Ordnung in weniger individualisierten Gesellschaften, beispielsweise jenen mit traditionell engeren Familienbindungen näher zu untersuchen, um weitere Erkenntnisse im Zusammenspiel von Ungleichheits- und Emotionssoziologie zu erlangen.

Literaturverzeichnis:

Barbalet, Jack (1999): Emotion, social theory and social structure. A macrosociological approach. Cambridge: Cambridge University Press

Burak, Oksana (2020): Class transition. A life in between. Grani, 23 (6-7), S. 5-13

Diekmann, Andreas (2015): Rational-Choice-Theorie, in: Farzin, Sina; Jordan, Stefan (Hg.): Lexikon Soziologie und Sozialtheorie. Stuttgart: Reclam, S. 228-231

El-Mafaalani, Aladin (2012): BildungsaufsteigerInnen aus benachteiligten Milieus: Habitustransformation und soziale Mobilität bei Einheimischen und Türkeistämmigen. Wiesbaden: Springer VS

Eribon, Didier (2016): Rückkehr nach Reims. Berlin: Suhrkamp

Flam, Helena (2002): Soziologie der Emotionen. Eine Einführung. Konstanz: UVK Verlagsgesellschaft

Hank, Rainer (2016): Soziale Ungleichheit. Nehmt den Reichen das Geld!, https://www.faz.net/aktuell/wirtschaft/arm-und-reich/ungleichheit-ist-nicht-gleich-umverteilung-steuererhoehung-14134987.html (abgerufen am: 06.09.2021)

Hild, Petra (2019): Habitus und seine Bedeutung im Hochschulstudium. Aneignungspraktiken und -logiken von Studierenden. Weinheim: Beltz Juventa

Keil, Maria (2020): Die Ordnung des Feldes. Reproduktionsmechanismen sozialer Ungleichheit in der Wissenschaft. Weinheim: Beltz Juventa

Kittsteiner, Heinz-Dieter (2015): Kapital, in: Farzin, Sina; Jordan, Stefan (Hg.): Lexikon Soziologie und Sozialtheorie. Stuttgart: Reclam, S. 134-136

Kleiner, Bettina (2020): Sexuelle und Soziale Scham. Zur unterschiedlichen Bedeutung dieser Affekte in *Rückkehr nach Reims*, in: Kalmbach, Karolin, et al: Eribon Revisited. Perspektiven der Gender und Queer Studies. Wiesbaden: Springer Fachmedien, S. 49-64

Krais, Beate (2015): Habitus, in: Farzin, Sina; Jordan, Stefan (Hg.): Lexikon Soziologie und Sozialtheorie. Stuttgart: Reclam, S. 97-100

Neckel, Sighard (1991): Status und Scham. Zur symbolischen Reproduktion sozialer Ungleichheit. Frankfurt a.M. Campus-Verlag

Neckel, Sighard (1993): Die Macht der Unterscheidung. Beutezüge durch den modernen Alltag. Frankfurt a.M., Fischer Taschenbuch Verlag

Neckel, Sighard; van Krieken, Robert (1996): Inferiority. From Collective Status to Deficient Individuality, in: The Sociological Review, 44(1), S. 17-34

Rehbein, Boike et al. (2015): Reproduktion sozialer Ungleichheit in Deutschland. Konstanz und München: UVK Verlagsgesellschaft

Vester, Michael (2015): Milieu, in: Farzin, Sina; Jordan, Stefan (Hg.): Lexikon Soziologie und Sozialtheorie. Stuttgart: Reclam, S. 188-190

Wimmer, Christopher (2018): Marginalisierung und eine lebensweltliche Klassenanalyse. Reproduktion und Umgangsweisen der marginalisierten Klasse in Deutschland, in: Zeitschrift für qualitative Forschung, 19 (1+2), S. 271-288